Lb⁵⁵ 2391

LA
SOLUTION

DONNÉE,

PAR LE PRÉSIDENT DE LA RÉPUBLIQUE,

aux sinistres complications politiques
qui pressaient la France avant
le 2 Décembre 1851

PEUT-ELLE ÊTRE CONSIDÉRÉE COMME DÉFINITIVE ?

PARIS,

CHEZ LADRANGE, LIBRAIRIE PHILOSOPHIQUE,

RUE SAINT-ANDRÉ-DES-ARTS, 41.

—

JANVIER 1852.

AVIS.

La solution donnée par le Président de la République aux sinistres complications politiques qui pressaient la France avant le 2 décembre 1851, constituait une proposition problématique où, pour accomplir l'acte qui en puisse donner la solution, il fallait les conditions qui répondissent à cet accomplissement, à savoir, qu'un problème étant une proposition démontrable, il fallait connaître si la manière d'exécuter l'action qu'il postule est immédiatement certaine.

Prévoyant, depuis longtemps, la nécessité de la proposition, j'avais dû, tout en scrutant, d'un côté, l'opinion de la France, et de l'autre le caractère personnel du chef de l'État, que des faits et des paroles (malgré sa ressemblance avec Guillaume-le-Taciturne, *Journal de Vienne*), laissaient percer assez ostensiblement, poser les intégrantes de la proposition, pour en avoir la solution, de la manière suivante ; à un problème appartient, 1° la *question*, qui contient ce qui doit être fait ; et c'est ce que, le 13 octobre 1851, par la première de mes solutions : *Comment la solution politique de la France peut être donnée par elle-même,* j'ai accompli en posant les termes conditionnels du problème, à savoir, l'existence des deux seuls vrais partis qui coexistent en France. 2º Au problème appartient encore la *résolution,* qui contient la manière dont la question doit être résolue; et c'est ce que, le 13 novembre 1851, par la seconde de mes solutions : *Comment la solution politique de la France pourrait être donnée par le Président de la République,* j'ai accompli dans les deux obligations, celle du *droit* de la part du Président à résoudre la question, et celle du *devoir* de la part des Français à accepter la solution. 3º Enfin, au problème appartient la *démonstration,* qui a pour objet de faire voir que ce qui devait être est en effet; et c'est ce que, par ma troisième solution : celle donnée *par le Président de la République dans son acte du 2 décembre* 1851, j'ai accompli en donnant à cette démonstration le caractère absolu que nécessitent les lois rationnelles de la politique, qu'ont confirmé, à la fois, l'initiative du chef de l'État, et l'assentiment donné, par les votes, à cette initiative.

Les deux premières solutions ont été envoyées, dans le temps, à un journal avec prière d'en faire la publication. Je comprends la difficulté qu'il y avait alors d'insérer, en face de l'opinion, un article, la *deuxième solution,* qui renversait l'existence établie. Ce sont de ces choses *qu'on fait* et *qu'on ne dit pas,* ou qu'on ne dit qu'après coup, comme aujourd'hui. Quant au premier article, à la première solution, celle qui posait les termes du problème, le manque de sa publication de la part du journal, ne peut être attribué qu'à la forme trop dogmatique de cette première solution, que *l'usage* de ses lecteurs ne comporte point, mais qui trouve sa vraie place dans une brochure, qui ne laisse pas d'avoir ses bons lecteurs. — Je devais cette explication.

Qu'on me permette de produire ici ce passage de Kant : « Les maximes des philosophes sur les conditions qui rendent possible la paix, doivent être consultées par les États *en guerre.* » — Il ajoute : « Il paraît humiliant pour l'autorité d'un État, auquel il faut naturellement attribuer la plus haute sagesse, de s'instruire, auprès des philosophes ses sujets, des règles à observer pour le maintien de la paix. Cependant, il est nécessaire qu'il les consulte. L'État les invitera donc *tacitement,* en les laissant faire, à donner leur avis..... D'ailleurs, la classe des philosophes, incapable, par sa nature, de trahir la vérité, pour se prêter aux vues des clubistes et des meneurs, ne risque pas de se voir soupçonnée de *propagandisme* du mal. »

I.

*Comment la Solution politique de la France
pouvait être donnée par elle-même
avant le 2 décembre 1851.*

—

(13 OCTOBRE 1851.)

—

La raison humaine est bien obligée, en tout état de
choses, d'admettre un objet. Et cet objet, elle est bien
obligée de l'admettre comme un maximum d'après
lequel tout le reste est jugé. Ce sera, si l'on veut, un
idéal, mais un idéal vers lequel tout converge. Or, en
ne sortant point des faits de l'expérience, et en prenant
l'objet qui nous enveloppe de toutes parts, nous évite-
rons, comme dit l'école, les *entia ficta imaginaria*
qu'on peut sans doute concevoir, mais qui, à titre de

chimères, sont des arbitraires extravagants de la raison.
— Je ne prétends point apprécier, par là, tous les rêves
qu'on nous présente comme des topiques à nos maux,
je prémunis simplement mon lecteur, en l'investissant
de l'idéal qui résulte d'un usage nécessaire de la raison,
en tant qu'être possible, contre la chimère, qui ne saurait être qu'un non-être. Or, dis-je, en prenant les
objets qui nous pressent pour nous convaincre, nous
trouvons, sans tenir aucun compte des nombreuses
variations qui n'en sont que des dérivés, les partisans
de la monarchie et les partisans de la République. On ne
saurait nier l'évidence de ces deux manifestations, qui
constituent, en nous mettant dans la question problématique sortie immédiatement des entrailles de Février
1848, comme les composantes de cette question. On ne
saurait nier, non plus, puisque ces deux partisans existent à la lumière et à la vie, qu'ils n'aient leur raison
d'être, leur substance, par quoi ils existent en soi, et
non par accident. S'il le fallait, nous pourrions aisé-
ment fonder leur cause, leur *principium essendi*.
Mais, sans nous élever à des considérations de ce genre,
ne nous suffit-il pas d'en appeler à l'évidence et à tous
les événements, effets qui, selon la règle aïtiologique,
prouvent la cause, leur existence spécifique. Leur existence posée et admise en vertu de leur cause ou principe, rend sans contredit leur durée nécessaire, sinon il
faudrait dire et même prouver que leur raison d'exis-

tence n'est point une substance, mais un pur accident disparaissable. Sans entrer encore, ici, dans des considérations qui nous méneraient trop loin, ne suffit-il pas, également, en prenant l'expérience seule pour notre base, de dire que les conditions de la France sont monarchiques par la longue tutelle favorable des rois, sous lesquels les Français ont élaboré leur raison, et développé les lois morales de la justice, par lesquelles ils tiennent encore à cette source génératrice ; et que les conditions de la France sont républicaines par la prise de possession des droits de liberté, d'examen et de concours, dus, en principe, à notre première et grande révolution politique, au gouvernement constitutionnel comme première conséquence, et à la révolution de 1848, comme dernière conséquence. Or, les lois morales, sur lesquelles s'appuient les monarchistes, sont éminemment justes ; et les droits de l'homme que revendiquent les républicains sont éminemment vrais. Les partisans de ces deux concours actuels à la souveraineté de l'Etat sont donc aussi immuables que leurs principes. Puisqu'ils sont immuables, dans l'état actuel des temps, loin de les vouloir détruire, il faut, à toute force, vouloir les conserver. Il y a plus, leur présence simultanée est indispensable, car si le parti monarchique, dans sa pureté indépendante du républicanisme, ou dans sa constitution de conformité aux lois morales, est une juste autorité politique, et si le parti républicain, dans sa pureté indépendante du monarchisme, ou dans sa constitution de conformité aux droits de l'homme, est une vraie liberté politique, l'union ou le concours de cette juste autorité et de cette vraie liberté, qui constituerait le maximum possible d'un bon gouvernement, l'idéal vers lequel on converge, n'est possible qu'à la condition de leur coexistence. Tout le monde sent que là est la question. Mais, si c'est là la question, qu'on se garde donc d'en dénaturer les éléments. Tout le monde sent encore que l'autorité n'est point indépendante de l'influence de la liberté, et réciproquement de la part de l'autorité sur la liberté, car l'autorité, dans ses écarts possibles de justice, est toujours menacée et judicieusement entravée par l'autorité ; et ce sont ces entraves respectives qui, en évoquant la question, postulent la solution. Mais si c'est là la question, là, aussi, sont les éléments de la solution. Qu'on se garde donc de les dénaturer, en leur portant des obstacles. Tout le monde sait enfin que l'autorité juste et que la liberté vraie n'existent point dans leur fixité normale de nombre parmi leurs adhérents et de leur culture intellectuelle de ces deux sources de toute souveraineté aujourd'hui. Mais, puisque c'est encore là la question, et le moyen de solution, il faut donc s'efforcer de produire cette fixité de nombre et de culture.

Or, dans ces conditions, tout le fait de la France, qui sont, ici, envisagées sous l'absence de considération de personnes et de passions, s'agirait-il, comme le veulent les partisans de la monarchie, de revenir à une restauration dynastique? Mais, en vérité, à quoi bon, puisqu'il est manifeste, d'après cette nécessaire constitution systématique du concours de l'autorité et de la liberté, que cette restauration dynastique ne saurait, catégoriquement, suivre aucun autre mode de gouvernement? N'aurions-nous pas, le cas échéant, à redouter le trop d'influence, ou plutôt de pression, de son principe d'autorité sur celui de liberté qui, infailliblement, nous ramènerait une nouvelle révolution. Après tout, la question de dynastie n'est plus à l'ordre du jour; (1) sa tutelle salutaire de lois morales qu'elle a opérée, à l'aide de sa noblesse et du clergé, est un fait acquis et que nous *conservent* les nombreux adhérents de la monarchie qui, abusivement, en veulent la restauration comme seul moyen de salut. S'agirait-il, d'un autre côté, comme le veulent les

---

(1) Cette considération sur ce qu'on entend par un retour dynastique se rattache évidemment à ce qu'on veut par restauration de la *légitimité*. Or, ce prétendu droit légitime, surtout en temps de révolution, c'est-à-dire lorsqu'on cherche les conditions d'une politique nouvelle, n'existe plus ou, tout au plus, est *accessoire*. Ce droit deviendra *péremptoire*, lorsque les conditions cherchées seront trouvées, parce qu'alors la dynastie conservera ou aura pour objet de conserver la perpétuité de la politique nouvelle. — C'est pourquoi, l'Empereur Napoléon, qui introduisait, en France, une politique nouvelle qui n'existait pas avant lui, avait le droit moral, c'est-à-dire impératif, de vouloir en perpétuer la durée par les membres de sa dynastie, dès lors aussi sacrée, et aussi légitime que celle prétendue dont dérive Henri V. — Voilà la vérité sur la question de dynastie.

partisans de la République, d'établir une exclusive liberté autonomique? Mais, en vérité, à quoi bon, aussi, puisqu'il est notoire, d'après notre nécessaire constitution systématique du concours de l'autorité et de la liberté, qu'elle ne saurait catégoriquement, non plus, suivre un autre mode de gouvernement. N'aurions-nous pas à redouter le trop d'influence, ou plutôt de pression, de son principe de liberté sur celui de l'autorité, qui, infailliblement, pour pondérer ou modérer son écart de vérité, aménerait, de la part du principe d'autorité, un écart de parité, dans une loi du 31 mai ou une loi d'instruction comme celle de M. de Falloux, pour citer des exemples. Après tout, cet excès autonomique n'est point à l'ordre du jour. Si l'autonomie de la liberté est aujourd'hui un principe qui vaut le fait, c'est à la condition, à cause de sa présente force anticipée, d'un progrès temporaire vers son accomplissement. Vouloir le plus quand on n'a encore que le moins, ce serait faire une besogne, à laquelle le principe d'autorité s'opposera toujours. — Il reste donc avéré ce double fait : que nous ne saurions revenir au passé d'une restauration dynastique, ni vouloir un *plus* dont nous n'avons que les conditions du *moins*.

Dans ces circonstances, qui sont toute la vérité, il y a nécessité absolue de rendre permanent notre mode actuel de gouvernement, sous l'expresse condition *initiale* 1° de proroger longuement, sans conteste, l'existence du Président actuel de la République, ce qui maintiendrait la prospérité publique; 2° de modifier la loi électorale par des bases d'élection dont la règle est facile à trouver; 3° de réviser la Constitution dans des bases qui permettent *finalement* le développement normal et équilibré des principes de juste autorité et de vraie liberté.

II.

Comment la solution politique
de la France
pouvait être donnée par le Président de la République,
avant le 2 décembre 1851.

—

(13 NOVEMBRE 1851)

—

La France, au milieu de ses grandes luttes, prouve invinciblement qu'elle n'a point en partage la vérité politique, une vérité qui soit *une*, et qui soumette à sa règle tous les dissidents actuels.

Dans cette occurence, qui suscite toutes les passions au point de rendre encore prochaine une nouvelle révolution sanglante, qu'y a-t-il à faire?

Voilà la réponse à cette question :

1° « Les gouvernements ont actuellement le droit, dans tous les cas, de donner à l'exercice de leur action gouvernementale, telle forme qu'ils jugeront convenable ou nécessaire pour la conservation plénière de leur autorité. »

2° « Les peuples ont actuellement l'obligation, dans tous les cas, non-seulement d'obéir à toutes les mesures gouvernementales, mais, de plus, de considérer ces mesures comme utiles, parce que les gouvernements peuvent seuls en concevoir la nécessité, lors même qu'elles paraissent contraires à des vérités déjà reconnues (1). »

Ces deux lois, appelées *lois de sécurité*, ainsi appelées à cause de l'absence de la vérité politique, d'une vérité qui soit *une*, ont un tel caractère de nécessité aujourd'hui, qu'elles sont connexes à l'*impératif des lois morales*. Aussi peut-il être dit que quiconque n'y voudrait point souscrire serait entaché du caractère d'immoralité, tant *chef de l'État* que *sujets de l'État*.

Et comme tous les hommes, à deux exceptions près, que nous allons dire, sont conscients de l'absolu impératif des lois morales, ils accepteront leur analogue, les deux lois de sécurité publique que la situation présente

---

(1) Ces deux lois sont tirées d'un opuscule, les *Conférences européennes*, de l'illustre auteur de la *Réforme du savoir humain*.

de la France, dans l'absence de la vérité politique, d'une vérité qui soit *une*, prescrit avec un caractère de nécessité morale qui rend le chef de l'État, le dépositaire de l'autorité actuelle, responsable de l'exécution de la première de ces lois, non-seulement envers Dieu, mais aussi envers les hommes, et qui rend les sujets de l'État peccables et reprochables de leur insoumission morale à la deuxième de ces lois.

Deux sortes d'hommes seront contraires à la promulgation de ces deux lois nécessaires : 1° Ceux qui méconnaissent les lois morales, ce qu'ils manifestent par ces mots : *Mais qu'entendez-vous par les lois morales?* Ne semblent-ils pas donner l'assertion, par là, de ce que les lois morales sont une invention arbitraire des hommes? A quoi nous répondrions, sans être plus compris peut-être, que c'est justement les lois morales qui s'opposent à cette invention arbitraire des hommes, dont la funeste préoccupation actuelle, en substituant cette invention à ces lois morales, constitue l'absence de la vérité politique, d'une vérité qui soit *une*, à l'instar de ce que sont les lois morales. — 2° Ceux qui font à dessein, ou par nature irrationnelle, une confusion des lois morales. — Quant à ces derniers, nous ne saurions les faire revenir de leur monstrueux état anormal d'intelligence, ainsi que nous l'avons fait, nous l'espérons, des premiers, parce que leur parti est pris. Et périsse plutôt le monde que leur principe de confusion. On sait de quel dieu ils relèvent.

Mais revenant à nos deux lois de sécurité, que leur caractère d'analogue aux lois morales impose impérativement en l'absence de la vérité politique, et les appliquant au gouvernement actuel dont l'exercice est présentement entre les mains du prince Louis-Napoléon, nous l'investissons, dès actuellement, de son droit de prendre telle mesure qu'il jugera nécessaire pour se conserver son autorité plénière. Ne pas le faire, serait encourir la responsabilité, non-seulement envers Dieu, mais aussi envers les hommes.

Si, maintenant, que sa ligne de conduite est moralement et impérativement tracée, Louis-Napoléon veut, comme il le doit à titre d'une obligation morale et impérative, sans condition, conserver l'autorité plénière du gouvernement de la France, qu'a-t-il besoin de recourir à la révision de la Constitution, ou à son défaut, au rétablissement du suffrage universel, en vue de conserver, par la légalité, l'autorité plénière de son gouvernement? Une simple déclaration actuelle de la conservation plénière de son autorité, fondée sur la moralité impérative de nos deux lois de sécurité, faite au peuple français, est chose suffisante.

On en viendra aux armes, dira-t-on? Mais, pas du tout. Il faudrait, pour cela, que les lois morales, qui ne sont pas de l'invention arbitraire des hommes, fussent

effacées du cœur des hommes. Or, combien en compte-
t-on chez qui ces lois éternelles ne règnent point?

Mais, dira-t-on encore, c'est anéantir le suffrage universel, ou ne point le faire concourir, par son adhésion,
à cet acte suprême de l'autorité plénière, du fait du
détenteur actuel de cette autorité? A quoi nous répondrons que cette interprétation est singulièrement erro-
née. Nonobstant tous les faits qui parlent assez haut en
faveur de cette conservation de l'autorité par le détenteur actuel, faits dont nous ne voulons pas tenir compte
dans notre déduction toute rationnelle, ne sera-ce pas
un acquiescement à cet acte suprême, que la soumission
morale universelle, tacite ou proférée, à ce droit moral
exercé par le chef de l'autorité?

Le suffrage universel, dans l'absence de la vérité
politique, n'est bon et valide que dans un seul cas
exceptionnel, c'est celui où il y a manque d'un chef de
gouvernement, comme après la révolution de 1848.
Hors de là, le suffrage universel, dans l'absence de la
vérité politique, d'une vérité qui soit *une*, n'a plus sa
raison d'existence. Ceci est une vérité rationnelle incon-
testable aujourd'hui, n'en déplaise à tous les suffragants
de cette loi faussé, depuis les hétéronomes panthéistes
de la *Gazette de France* jusqu'aux autonomes poly-
théistes de M. de Flotte (1), tous les autres entre eux
deux.

---

(1) Il convient de redresser le sens confusionnel qu'on attache à

Èh quoi ! le prince Louis-Napoléon serait-il conscient de nos deux lois fondamentales de sécurité ?

---

ces deux mots *panthéisme* et *polythéisme*. — Ainsi, par exemple, on attribue à la philosophie aujourd'hui cultivée en France et enseignée dans son université, un caractère panthéistique : ce qui n'est pas. S'il est un reproche à faire à son plus illustre représentant, M. Cousin, ce n'est assurément pas celui-là, mais absolument pas. Ainsi, encore, on attribue à l'ouvrage, *la Souveraineté du peuple*, de M. de Flotte, une couleur panthéistique. C'est absolument l'opposé. Le caractère de cet ouvrage, autant que nous osons le déclarer ici, est le polythéisme, dont Hegel, qu'il me paraît avoir suivi, est la plus haute exaltation aujourd'hui. En effet, le caractère du polythéisme est la *personnalité* créatrice. N'est-ce pas la fonction prématurée de l'autonomie que M. de Flotte donne à tous les hommes. La *Gazette de France*, au contraire, représente, dans ses prétentions, le caractère manifeste du principe du panthéisme, qui est la *communauté*. Je ne cite que la *Gazette de France*, parce qu'il ne s'agit que de l'application de la philosophie à la politique. Or, la fonction *universelle*, que cette *Gazette* voudrait donner à tous les hommes, n'a pas d'autre signification que celle d'une faculté hétéronomique, c'est-à-dire étrangère à l'homme, Dieu fonctionnant en lui, la grâce du don, sans le mérite humain. La belle besogne ! les belles conséquences en politique ! Dieu nous garde heureusement de ces deux excentricités par la *vérité*, dont le caractère est l'*unité*, qu'il nous a donné dans l'*esprit*, pour opérer cette unité. — Ces faiseurs de confusion ont une telle peur de l'autonomie, dont ils ne voient que trop la sublime manifestation, qu'ils croient, les *braves* gens, en l'accusant de panthéisme, qui est l'absorption de l'homme en Dieu, de l'homme fait à l'image de Dieu, selon les saintes paroles qu'ils *devraient* pourtant vénérer, donner le change en signalant comme monstrueux, c'est-à-dire panthéistique, c'est-à-dire destructeur de la personnalité, ce qui, en toute vérité, est la preuve de la possibilité de cette personnalité, selon ces autres saintes paroles qu'ils *veulent* méconnaître, ou qu'ils ne *peuvent* connaître qu'il faut *naître de nouveau* pour avoir cette personnalité

III.

*La solution donnée, par le Président de la République,
aux sinistres complications politiques qui pressaient la France avant le 2 décembre 1851,
peut-elle être considérée comme absolue?*

—

(31 DÉCEMBRE 1851.)

—

Pour répondre à cette question, il nous convient de pénétrer avec quelque profondeur dans l'essence même de la politique, c'est-à-dire de l'association juridique des hommes.

Or, quelles en sont les conditions primordiales? C'est, d'une part, l'*autorité* juridique, laquelle constitue le *souverain*, au nom des lois divines de la moralité ; c'est, d'autre part, la *soumission* juridique, laquelle constitue les *sujets* à ces lois divines de la moralité. Quelle que soit la restriction ou l'étendue des droits et des devoirs qu'on donne à l'exercice de ces deux et uniques éléments de l'État, elles rentrent, comme dans une source commune qui leur donne l'existence, dans la présente caractérisation de leur principe absolu, les lois divines de la moralité. La réunion de ces deux éléments opposés, l'autorité et la soumission, constitue, à son tour, l'*unité* juridique, la *société*. Ce sont là les principes fournis par la philosophie de la politique, que confirme l'expérience. Et leur développement, dans l'élaboration qu'en a fait et qu'en fait la raison humaine, se manifeste aujourd'hui, comme nous le disions dans notre première section du 13 octobre, dans deux partis opposés (qui résument et entraînent à eux les dissidences plus ou moins tranchées appartenant à ces partis respectifs), les monarchistes et les républicains, les adhérents au principe d'une juste autorité, et les adhérents au principe d'une vraie liberté.

Ceci posé, la solution problématique donnée par l'acte du 2 décembre, et les présomptions qu'on peut tirer de la marche, déjà manifeste, que suit le gouvernement *personnel* de Louis-Napoléon, correspondent-elles à la reconnaissance coexistante de ces deux représentations des éléments de toute constitution de l'État, le *souverain* auquel se joignent les partisans de l'autorité, postulant la *justice* dans toutes ses branches de lois morales, et les *sujets*, qui revendiquent la *liberté*, avec leurs prétentions de développement de la vérité, dans toutes ses branches de bien-être matériel et spirituel? Évidemment oui. D'un côté, Louis-Napoléon, en faisant appel aux sujets, partisans de toute liberté, c'est-à-dire à tous les hommes, car aucun n'est dépourvu de cet élément de toute action, s'est appuyé sur la démocratie, en la reconnaissant; en même temps que ceux-ci, en répondant à l'appel de Louis-Napoléon, ont fait acte de soumission, c'est-à-dire de besoin d'autorité, qu'ils ont aussi reconnue; ils ont opéré, dans leur essence morale, l'union de l'autorité et de la soumission, ces deux éléments de toute société : heureux présage d'avenir qui, de leur part, semblait suspendu, sinon perdu, avant le 2 décembre. D'un autre côté, Louis-Napoléon, en prenant l'initiative de son acte du 2 décembre, s'est appuyé sur la nécessité morale du devoir imposé à tout chef d'État, ainsi que nous lui en faisions l'obligation dans notre section du 13 novembre; et comme tout devoir dérive des lois divines, principe de toute justice, en laquelle, seule, existe la garantie des actions humaines, c'est-à-dire l'exercice de la liberté, Louis-Napoléon s'est appuyé, en le reconnaissant, sur l'élément qui correspond à la monarchie; en même temps qu'en faisant appel aux sujets, c'est-à-dire à ceux qui ont besoin de liberté, qu'il a ainsi reconnue, il a opéré, dans sa propre personne, la justice du souverain et la liberté des sujets, ces deux éléments de tout État : heureux présage d'avenir qui, avant Louis-Napoléon, n'existait que comme aspiration instinctive, et qui, aujourd'hui, apparaît comme *fait de savoir*, un fait de la raison.

Après cette double considération de l'acte du 2 décembre, qui satisfait aux deux seuls partis vrais, émanés du développement de la raison politique, ne peut-il pas être dit que la solution de nos sinistres complication politiques avant le 2 décembre est donnée d'une manière absolue? En effet, d'une part, par les votes du 20 décembre, se trouve réalisée, dans l'assentiment de la soumission à l'autorité, la personnification, dans chacun des votants par oui, c'est-à-dire la presque universalité du suffrage des Français, des deux conditions de toute société; comme d'autre part, dans la reconnaissance de la liberté des droits chez tout homme, unie à l'autorité de la justice pour garantir cette liberté, se trouve également réalisée la personnification, dans Louis-Napoléon, de ces deux mêmes conditions de tout État. Ce fait, inconnu jusqu'à ce jour, dans le monde civilisé, n'est point une simple harmonie contingente entre l'autorité et la liberté, comme elle existait, en présence hostile, dans les gouvernements constitutionnels de 1814 et de 1830, mais constitue une véritable identité nécessaire, dans la raison du souverain et des sujets, de ces deux principes, l'autorité et la liberté, qui, et l'une et l'autre, viennent se fondre et se clôturer, comme terme final, dans la justice, d'où dérive toute moralité qui règle la liberté, et toute liberté que restreint la moralité, ces deux éléments primitifs de la Société.

Ceci étant encore posé, et les faits sont irrésistiblement ostensibles, le parti de l'autorité et le parti de la liberté, ainsi satisfaits, plus que cela ainsi rendus *un*, puisque le premier, par le fait de l'appel au peuple, de la part du Souverain, est passé au parti de la liberté, et puisque le second, par le fait de leurs votes, de la part des sujets, est passé au parti de l'autorité ; ces deux partis sauraient-ils, désormais, rompre cette *unité*, problème *résolu* de toute société, pour rétablir une nouvelle *diversité, confusion* de toute société? Nous répondrons à la question en nous fondant : 1° sur ce fait qui n'avait pas encore paru, et dont l'existence est sans doute due à la maturité des questions politiques si profondément agitées depuis février 1848, à savoir, que tout parti opposé, dans sa tendance respective, a disparu pour se confondre dans le but de l'État, qui est la justice identifiant la liberté avec l'autorité, ainsi que nous venons de l'établir ; en nous fondant, 2° sur l'accomplissement indéfini de ce but qu'il faut laisser, sans entraves, à l'initiative directrice du gouvernement,

au chef duquel nous avons reconnu aussi la même identité : but que provoquera nécessairement, dans des
conditions progressives et tempérées, la liberté, comme
un postulatum de la raison politique, c'est-à-dire morale, dans tous ses aspects de justice sociale, pour la garantie de la liberté des actions humaines, de justice reli-
gieuse pour la garantie de la moralisation des maximes
intimes, de justice industrielle pour la garantie de l'obtention du bien-être matériel, et de justice intellectuelle
pour la garantie de l'obtention du bien-être spirituel ;
but auquel l'État, de son côté, l'autorité, répondra par
des moyens déjà subsistants et, dont nous prévoyons un
plus large développement dans les hautes investigations
spéculatives du *vrai* et l'appréciation pratique du *bien*,
de la part de son chef pour la satisfaction des Français,
chez lesquels, le plus grand des philosophes modernes,
pour les caractériser, a reconnu la *renaissance du vrai
et l'enthousiasme pour le bien*, si manifestes aujour-
d'hui.

Nous pouvons donc affirmer avec certitude que la solution donnée, par le Président de la République, aux
sinistres complications politiques de la France avant le
2 décembre, est absolue.

———

Dans notre première solution, celle par la France,
nous établissions le préjugé de la deuxième solution,

celle où se trouve donnée la deuxième loi de sécurité dans la soumission à l'acte dont la première loi de sécurité suscitait l'évocation à l'autorité.

Dans la deuxième solution, celle où, à l'aide de la dite première loi de sécurité, était faite l'obligation au Président de se conserver l'autorité, nous établissions le préjugé de la troisième solution, celle où, d'une part, la soumission morale des sujets, et d'autre part, l'exercice moral de l'autorité du souverain, correspondraient, en y aboutissant, à l'identité de ces deux principes de toute société juridique, dans la justice.

Enfin, dans la troisième solution, celle où règne, de la part de la soumission morale, c'est-à-dire libre, un acquiescement à l'acte de l'autorité, et de la part de l'autorité un acquiescement à la liberté, nous avons établi la parité du fait postulé dans la première et la deuxième solution, pour constituer la vérité politique. De sorte qu'il peut être dit, en toute réalité, que les principes théoriques de la politique de la France, ceux qu'elle revendique, au prix de son sang, depuis 60 ans, sont devenus faits pratiques; et comme tels, ils présagent, pour la France, de la part du souverain, l'exercice d'une juste autorité, et de la part des sujets, l'exercice d'une vraie liberté, s'équilibrant, l'une par l'autre, dans une durée permanente, et désormais indélébiles dans le temps, de même qu'elles sont indélébiles dans l'essence morale des hommes. Et c'est le maintien de ce nouvel ordre politique, avec ses faciles et irréfragables conditions, que nous établirons, probablement, dans un prochain *Appel aux partis politiques*.